Todos los libros de Linkgua Ediciones cuentan con modelos de Inteligencia Artificial entrenados por hispanistas. Pregúntale al chat de tu libro lo que desees acerca de la obra o su autor/a.

Para **ebooks**: Accede a nuestro modelo de IA a través de este enlace.

Para **libros impresos**: Escanea el código QR de la portada con tu dispositivo móvil.

Obtén análisis detallados de nuestros libros, resúmenes, respuestas a tus preguntas y accede a nuestras ediciones críticas generativas para una experiencia de lectura más enriquecedora.
La transparencia y el respeto hacia la autoría de las fuentes utilizadas son distintivos básicos de nuestro proyecto. Por ello, las respuestas ofrecen, mediante un sistema de citas, las fuentes con las que han sido elaboradas.

Ana Caro Mallén de Soto

El conde Partinuplés

Barcelona **2024**
Linkgua-ediciones.com

Créditos

Título original: El conde Partinuplés.

© 2024, Red ediciones S.L.

e-mail: info@linkgua.com

Diseño de cubierta: Mario Eskenazi.

ISBN rústica: 978-84-96290-72-3.
ISBN ebook: 978-84-9897-210-8.

Sumario

Brevísima presentación

La vida

Ana Caro Mallén de Soto (Sevilla 1600-Madrid, 1650). España.

Se sabe poco de su vida a través de dos obras suyas, un poema y un drama religioso de 1645. Se cree que era hermana de don Juan Caro Mallén de Soto, nacido en Granada, caballerizo mayor de Elvira Ponce de León.

Tuvo numerosos encargos literarios, que revelan que fue una escritora reputada con clientes entre la nobleza de Sevilla y Madrid.

Ana Caro, es de las pocas mujeres comediantes del Siglo de Oro. Su obra tiene numerosas referencias históricas y mitológicas.

En 1637 viajó a Madrid para asistir a las fiestas del Buen Retiro. Conoció a María de Zayas, a Vélez de Guevara (que la cita en El diablo cojuelo) y a otros autores.

La trama

El conde Partinuplés fue la comedia más célebre de Ana Caro. Su protagonista, la emperatriz Rosaura, debe casarse pero teme a un augurio que afirma que si lo hace sufrirá «mil sucesos fatales».

Pasado un tiempo, Rosaura se enamora del conde de Partinuplés, que está comprometido con otra. Y a través de una cómplice le hace llegar un retrato suyo que seduce al joven conde. La pieza tiene un final feliz en el que Rosaura consigue casarse con su amado.

El personaje del conde Partonopeus fue célebre durante el medioevo, se conocen varias versiones, casi todas francesas. Sin embargo, en ésta sorprende el papel activo que Ana Caro da a Rosaura en el juego amoroso.

Personajes

Acompañamiento
Aldora, su prima
Arcemio, caballero
Causo
Dos pescadores
Eduardo de Escocia
El conde
Emilio, viejo
Federico de Polonia
Gaulín, gracioso
Guillermo, viejo
Lisbella, dama
Rey de Francia, viejo
Roberto de Transilvania
Rosaura, dama

Jornada primera

(Tocan cajas y clarines, y salen, empuñando las espadas, Arcenio, Clauso, y Emilio, deteniéndolos.)

Arcenio
        Sucesor pide el imperio;
        dénosle luego, que importa.

Emilio
        Caballeros, reportad
        el furor que os apasiona.

Clauso
        Cásese o pierda estos reinos.

Emilio
        Esperad; razón os sobra.

Arcenio
        Pues si nos sobra razón,
        cásese, o luego deponga
        el reino en quien nos gobierne.

Emilio
        Rosaura es vuestra Señora
        natural.

Arcenio
        Nadie lo niega...
        toca al arma.

Clauso
        Al arma toca.

(Tocan al arma y salen Rosaura y Aldora, y en viéndola, se turban.)

Rosaura
        Motín injusto, tened...
        ¿dónde váis?

Arcenio
        Yo, no...

Clauso	Señora...
Rosaura	¿No habláis? ¿no me respondéis? ¿qué es esto? ¿quién os enoja? ¿quién vuestro sosiego inquieta? ¿Quién vuestra paz desazona? Pues, ¿cómo de mi palacio el silencio se alborota, la inmunidad se profana, la sacra ley se derroga? ¿Qué es esto, vasallos míos? ¿Hay acaso en nuestras costas enemigos? ¿Han venido de Persia bárbaras tropas a perturbar nuestra paz, envidiosos de mis glorias? Decidme qué es; porque yo, atrevida y fervorosa, con vosotros, imitando las ilustres amazonas, saldré a defender, valiente, de estos reinos la corona, y aún ofreceré la vida con resolución heroica, porque vosotros gocéis la parte que en esa os toca, pacíficos y contentos. No hagáis, por mi amor, ociosa la razón de vuestro enojo, en el silencio que estorba en mi atención el informe; hablad.
Arcenio	¡Qué cuerda!

Emilio	¡Qué hermosa!
Rosaura	No me neguéis la ocasión del disgusto.
Arcenio	Gran Señora, bellísima emperatriz, nuestro delito perdona; que tú sola eres la causa.
Rosaura	Sea agravio, sea lisonja de vuestro amor, el ser yo, vasallos, la causa sola; pues está mi confianza de vuestra lealtad heroica satisfecha felizmente, advertid que se malogra la intención mientras la ignoro; responded.
Emilio	Rosaura hermosa, yo diré a lo que han venido; perdonad y oye, Señora. Ya sabéis la obligación con que de estos reinos gozas, y que por ella es preciso tomar estado. No ignoras tampoco que te ha pedido tu imperio que te dispongas a casarte, y te ha propuesto el príncipe de Polonia, el de Chipre y Transilvania, Ingalaterra y Escocia.

Cásate, pues que no es justo
que dejes pasar la aurora
de tu edad tierna, aguardando
de que de tu Sol se ponga.
Ésta es inolvidable ley,
y en tus años tan costosa,
que, a no de ejecutarla, dicen
que habías de ver tu corona
dividida en varios bandos,
y arriesgada tu persona.
Elige esposo, primero,
que la fe jurada rompa;
porque, de no hacerlo así,
tu majestad se disponga
a defenderse de un vulgo,
conspirado en causa propia.
Yo te aconsejo, yo, justo;
tú, emperatriz, mira ahora
si te importa el libre estado,
o si el casarte te importa.

Rosaura (Aparte.) (No sé cómo responderle;
tanto el enojo me ahoga,
que están bebiendo los ojos
del corazón la ponzoña.
¡Hay tan grande atrevimiento!
¡Hay locura tan impropia!
¡Que éstos mi decoro ofendan!
¡Que así a mi valor se opongan!
pero no tiene remedio;
porque si las armas toman,
y quieren negar, ingratos,
la obediencia y la corona...
¿Cómo puedo? ¿cómo puedo,

siendo muchos y yo sola,
defenderme? y no les falta
razón) ¡Ay querida Aldora,
si yo te hubiera creído!
¿qué haré?

Aldora   Responde amorosa
que un año te den de plazo,
y que si al fin dél no tomas
estado, les das licencia
para que el reino dispongan
a su elección.

Rosaura (Aparte.)   (¡Ah vasallos!
si sois traidores, ¿qué importa
rendiros con beneficios
ni obligaros con lisonjas?)

Emilio   Gran Señora, ¿qué respondes?

Rosaura   Agradecida y dudosa
del afecto y la elección,
me detuve, mas agora
quiero que escuchéis, vasallos,
porque os quiero hacer notoria
la causa que ha tanto tiempo,
que mis designios estorba.
   Ya sabéis que este imperio,
generoso esplendor del hemisferio,
obedeció por dueño soberano
al insigne Aureliano
mi padre, y que fue herencia
de su real y antigua descendencia.
También sabréis cómo mi madre hermosa

sin sucesión dichosa
estuvo largo tiempo, y que los cielos
con devotos desvelos,
los dos importunaban,
mas, ¡justas peticiones que no acaban!
ya se ve, pues hicieron tanto efecto
las generosas quejas de su afecto,
que el cielo o compasivo u obligado,
les vino a dar el fruto deseado;
mas, fue con la pensión, ¡Oh infeliz suerte
de la temprana muerte
de aquella hermosa aurora
del Puzol. Rosimunda, mi Señora,
que de mi tierna vida, al primer paso
la luz oscureció en mortal ocaso,
dando causa a comunes sentimientos.
Ya lo sabéis, pues, escuchadme atentos.
Quedó el Emperador, mi padre amado,
con golpe tan pesado,
desde aquel triste día,
ajeno de alegría;
mas viendo su presencia,
a pique de perderse en la experiencia
de dolor tan esquivo,
dio al pesar, ni bien muerto ni bien vivo,
treguas, como cristiano,
pues fuera intento vano
ser su mismo homicida,
no pudiendo animar la muerta vida
de su adorada esposa;
suspendió, en fin, la pena lastimosa,
y quiso, de mis dichas mal seguro,
investigar del tiempo lo futuro.
Consultó las estrellas,

miró el influjo de sus luces bellas,
escudriñó curioso
el benévolo aspecto, o riguroso
de Venus, Marte, Júpiter, Diana,
antorchas de esa esfera soberana,
o llamas de ese globo turquesado,
que, es de varios astrólogos mirado,
me pronostican de opinión iguales,
mil sucesos fatales;
y todos dan por verdadero anuncio,
—¡Con qué temor, ay cielos, lo pronuncio!—
que un hombre —¡fiero daño!—
le trataría a mi verdad engaño,
rompiéndome la fe por él jurada,
y que si en este tiempo reparada
no fuese por mi industria esta corona,
riesgo corrían ella y mi persona;
porque este hombre engañoso,
con palabra de esposo,
quebrantando después la fe debida,
el fin ocasionara de mi vida.
Supe después —¡ay triste!— de sus labios,
de mi adversa fortuna los agravios;
y así, por no perderos y perderme,
no he querido, vasallos, resolverme
jamás a elegir dueño.
Mas ya, que me ponéis en este empeño
—sea o no sea justo—,
a daros rey me ajusto.
Sepa el de Transilvania,
Chipre, Escocia, y Albania,
Polonia, Ingalaterra,
que me podré rendir, mas no por guerra;
que esta dulce conquista,

solo ha de conseguirse con la vista
de una firme asistencia,
blandura, agrado, amor, correspondencia;
obliguen, galanteen,
escriban, hablen, sirvan y paseen;
rendirán mi desdén con su porfía,
obligarán mi altiva bizarría;
y en tanto, yo, advertida y desvelada,
huiré aquella amenaza anticipada,
examinando el más constante y firme;
pues es fuerza rendirme
al yugo de Himeneo,
que temo y que deseo
por solo asegurar vuestro cuidado.
Alcance, pues, mi amor en vuestro agrado,
para determinarme
a morirme o casarme,
solo un año de término preciso;
y si al fin de él halláredes remiso
mi temeroso intento,
o me obligad por fuerza al casamiento,
o elegid rey extraño.
...
Todos sois nobles y vasallos míos;
ayudadme a vencer los desvaríos
de mi suerte inhumana,
pues soy vuestra Señora soberana.
Examinemos quién será el ingrato,
que ha de engañarme con perjuro trato;
busquemos modo, suerte,
para huír el influjo adverso y fuerte
de aquella profecía esquiva, acerba
cuyo rigor cobarde el alma observa.
Éste es, nobles, mi intento;

éste es mi pensamiento;
éste mi ruego y estos mis temores;
estos, de mi fortuna los rigores;
y ésta, la ejecución con que restaura
tan triste amago, la infeliz Rosaura.

Emilio   Emperatriz hermosa,
tu pena lastimosa
sentimos como es justo;
y así, tu majestad haga su gusto,
y repare ese daño
en el plazo de un año,
y en él haga experiencia
de la fe, la lealtad y la obediencia
con que ha de hallar rendidas,
de sus vasallos las honradas vidas.
Aqueste parecer de mi fe arguyo;
ahora vuestra alteza diga el suyo;
avise de su intento.

Rosaura   Sea como os he dicho.

Emilio   Pues, contento
estoy con esto, el reino se restaura;
¡Viva la emperatriz, viva Rosaura!
¡Tu nombre en bronce eterno el tiempo escriba!
¡Viva la emperatriz! ¡Rosaura viva!

(Tocan cajas y vanse.)

Aldora   Suspensa, prima, has quedado.

Rosaura   No tengo, Aldora, no tengo
satisfacción de mi suerte.

Aquellos anuncios temo,
y no sé si he de elegir
algun ingrato por dueño,
que el alma que me amenaza
sea bárbaro instrumento.
Quisiera yo, prima mía,
ver y conocer primero
estos caballeros que
mis vasallos me han propuesto,
y si de alguno me agrada
el arte, presencia e ingenio,
saberle la condición,
y verle el alma hacia dentro,
el corazón, el agrado,
discurso y entendimiento,
penetrarle la intención,
examinarle el concepto
de su pecho, en lo apacible,
o ya ambicioso o ya necio.
Mas, si nada de esto puedo
saber, y me he de arrogar
al mar profundo y soberbio
de elegir por dueño a un hombre
que ha de regir el imperio
del alma con libertad,
o ya ambicioso, o ya ciego,
¿qué gusto puedo tener
cuando —¡ay Dios!— me considero
esclava, siendo Señora,
y vasalla, siendo dueño?

Aldora   Discretamente discurres;
mas es imposible intento
penetrar los corazones

y del alma los secretos.
Lo mas que hoy puedo hacer
por ti, pues sabes mi ingenio
en cuanto a la mágica arte,
es enseñarte primero,
en aparentes personas,
estos príncipes propuestos;
y si es fuerza conocer
las causas por los efectos,
viendo en lo que se ejercitan,
será fácil presupuesto
saber cuál es entendido,
cuál arrogante o modesto,
cuál discreto y estudioso,
cuál amoroso, o cuál tierno;
y así mismo es contingente
inclinarte a alguno de ellos
antes que con sus presencias
tenga tu decoro empeño,
no atreviéndose a elegir.

Rosaura   ¡Oh Aldora, cuánto te debo!
si hacer quieres lo que dices,
presto, prima, presto, presto;
pues sabes que las mujeres,
pecamos en el extremo
de curiosas de ordinario.
Ejercita tus portentos;
ejecuta tus prodigios,
que ya me muero por verlos.

Aldora   Presto lo verás; atiende.

Rosaura   Con toda el alma te atiendo.

Aldora	¡Espíritus infelices!
	que en el espantoso reino
	habitáis por esas negras
	llamas, sin luz y con fuego,
	os conjuro, apremio y mando
	que juntos mostréis a un tiempo,
	de la suerte que estuvieren,
	a los príncipes excelsos,
	de Polonia a Federico,
	de Transilvania a Roberto,
	de Escocia a Eduardo, de Francia
	Partinuplés..., ¿bastan estos?
Rosaura	Sí, prima; admirada estoy.
Aldora	Ea, haced que en breve tiempo,
	en aparentes figuras,
	sean de mi vista objetos.

(Vuélvese el teatro y descúbrense los cuatro de la manera que los nombra.)

Rosaura	Válgame el cielo, ¿qué miro,
	hermosa Aldora? ¿qué es esto?
Aldora	Éste que miras galán,
	que en la Luna de un espejo,
	traslada las perfecciones
	del bizarro, airoso cuerpo,
	es Federico, polonio.

(Va señalando a cada uno.)

Aquéste que está leyendo

estudioso y divertido,
es Eduardo, del reino
de Escocia, príncipe noble,
sabio, ingenioso y discreto,
filósofo y judiciario.
Aquél, que de limpio acero
adorna el pecho gallardo,
es el valiente Roberto,
príncipe de Transilvania.
El que allí se ve suspenso
o entretenido, mirando
el Sol de un retrato bello,
es Partinuplés famoso,
de Francia noble heredero,
por sobrino de su rey,
que le ofrece en casamiento
a Lisbella, prima suya;
príncipe noble, modesto,
apacible, cortesano,
valiente, animoso y cuerdo.
Éste es más digno de ser
entre los demás, tu dueño,
a no estar —como te he dicho—
tratado su casamiento
con Lisbella.

Rosaura   ¿Con Lisbella?
por eso, Aldora, por eso
me lleva la inclinación
aquel hombre.

Aldora   Impedimiento
tiene, a ser lo que te digo.

Rosaura	¡Ay Aldora! a no tenerlo,
	otro me agradara, otro
	fuera, en mi grandeza, empeño
	de importancia su elección;
	pero, si lo miro ajeno,
	¿cómo es posible dejar,
	por envidia o por deseo,
	de intentar un imposible,
	aún siendo sus gracias menos?

(Vuélvase el teatro como antes y cúbrese todo.)

	Ya se ausentó, y a mis ojos
	falta el agradable objeto
	de su vista, y queda el alma,
	¿diré en la pena o tormento?
	digo en el tormento y pena
	de su ausencia y de mis celos.
Aldora	No sé si le llame amor,
	Rosaura, a tu arrojamiento,
	y parece desatino.
Rosaura	Que es desatino confieso.
Aldora	¿No es galán el de Polonia?
	¿no es el de Escocia discreto,
	gallardo el de Transilvania?
Rosaura	Si consulta con su espejo
	el de Polonia sus gracias,
	y está de ellas satisfecho;
	¿cómo podra para mí
	tener, Aldora, requiebros?

22

Si es filósofo el de Escocia,
judiciario y estrellero;
¿cómo podrá acariciarme,
ocupado el pensamiento
y el tiempo siempre en estudio?
Y si es tan bravo Roberto;
¿quién duda que batirá
de mi pecho el muro tierno
con fuerzas y tiranías,
siendo quizá el monstruo fiero
que amenaza la ruina
de mi vida y de este imperio?

Aldora   ¿No es peor estar rendida
                a otra beldad?

Rosaura   Es exceso
                el que propones, si sabes
                que no halla el común proverbio
                excepción en la grandeza.
                Yo lo difícil intento;
                lo fácil es para todos.

Aldora   Pues, emperatriz, supuesto
                que Partinuplés te agrada,
                todo cuanto soy te ofrezco.
                Yo haré que un retrato tuyo
                sea brevemente objeto
                de su vista, porque amor
                comience a hacer sus efectos;
                ven conmigo.

Rosaura   Voy contigo;
                desde hoy en tu dulce incendio

23

soy humilde mariposa,
tirano dios, niño ciego.

(Vanse y suena ruido de cazay sale el rey de Francia, Lisbella y el conde Partinuplés y Gaulín y criados de caza todos.)

Dentro   Al arroyo van ligeros.

Otro   Por esa otra parte, Enrico,
                          Julio, Fabio, Ludovico.

Conde   Al valle, al valle, monteros.

Rey   ¡Qué notable ligereza!
                          o hijos del viento son,
                          o del fuego exhalación.

Conde   Descanse, Señor tu alteza;
                          baste la caza por hoy.

Rey   ¿Vienes cansada, Lisbella?

Lisbella   Como siguiendo la estrella
                          del Sol, que mirando estoy.

Rey   El equívoco me agrada;
                          ese Sol, ¿soy yo o tu primo?

Lisbella   Tú, pues en tu luz animo
                          la vida, Señor.

Gaulín   ¿No es nada
                          requebritos en presencia
                          de quien a ser suyo aspira?

Mas, si es justo, ¿qué me admira?

Rey
Habla, pues tienes licencia,
Partinuplés, a tu esposa.

Conde
Cuando sabe que soy suyo,
ociosa, Señor, arguyo
toda palabra amorosa;
   porque, a mi entender, no hay mengua
en el amable discreto,
como empeñar el respeto
en lo activo de la lengua.
   El que explica libremente
su amor, la verdad desdice;
que siente mal lo que dice,
quien dice bien lo que siente.
   Yo, que la luz reverencio
del Sol que en Lisbella adoro,
por no ofender su decoro,
la hablo con el silencio;
   que fuera causarla enojos,
con discursos pocos sabios,
volverla a decir los labios,
lo que le han dicho los ojos.

Rey
Bien encarecido está,
sobrino, tu sentimiento.

Lisbella
Y yo, de oirte contenta,
también primo, en mí será
   el silencio lengua muda,
que acredite tu opinión.

(Salen dos pescadores asidos de una caja.)

Pescador 1   Mía es.

Pescador 2   Mayor acción
                        tengo a su valor, no hay duda,
                            pues te la enseñé; y así,
                        la caja, Pinardo es mía.

Pescador 1   Saquemos de esta porfía,
                        su alteza, pues está allí;
                            démosela.

Pescador 2   Soy contento.

Rey   ¿Qué es esto?

Pescador 1   Este pescador
                        y yo sacamos, Señor,
                        de ese espumoso elemento,
                            esta caja de una nave
                        que pasó naufragio ya;
                        y por salvarse quizá,
                        alijó su peso grave;
                            mas, aunque fue de los dos
                        hallada, y ambos queremos
                        su valor, ya le cedemos
                        con gusto, Señor en vos.

Rey   Dios os guarde.

(Rompen la caja y sacan un retrato de Rosaura.)

Conde.   Abrirla presto;
                        veremos qué es.

Pescador 1	Solo hay un retrato.
Gaulín	¡Qué cambray!
Conde	Echó el cielo todo el resto en su hermosura.
Pescador 2	Pinardo, no trujimos mal tesoro.
Pescador 1	Calla; que estoy hecho un mozo de rabia.
Rey	¡Pincel gallardo!
Conde	Por Dios, beldad peregrina ostenta, ¡ay cielos!
Gaulín	Extraña, si acaso el pincel no engaña.
Lisbella	Rara hermosura.
Conde	Divina; ¿quién será aquesta mujer?
Lisbella	¿Es gusto o curiosidad, Partinuplés?
Conde	¡Qué deidad! curiosidad puede ser; que gusto, fuera de verte,

	ni le estimo ni le quiero.
Lisbella	Ya parece lisonjero;
	mas quiero, primo, creerte.
	Señor, una R y una A
	tiene aquí; ignoro el sentido.
Gaulín	Pues que me escuches te pido.
Rey	¿Sabeslo tú?
Gaulín	Claro está.
Lisbella	Si habla cualquiera por sí,
	en la R dira reina,
	y en la A...
Conde	En las almas reina.
Lisbella	De Asia o África.
Conde	¡Ay de mí!
	que es nombre propio imagino.
	Puede ser...
Gaulín	Oíd dos instantes,
	los sentidos más galantes
	de mi ingenio peregrino.
Rey	Di pues.
Gaulín	Llámase romana,
	o rapada o relamida,
	rayada, rota o raída,

rotunda, ratera o rana,
  respondona o Rafaela;
Ramira, ronca o rijosa,
Roma, raspada o raposa,
risa, ronquilla o razuela,
  o regatona o ratina.
Y si es enigma más grave,
el A quiere decir ave,
y la R, de rapiña.

Rey   Como de tu ingenio es,
                  la conclusión de la cifra.

Gaulín   Pues, ¿mas que no la descifra
                  Radomonte aragonés
                    con más elegancia?

Lisbella (Aparte.)   (Celos
                  me está dando el conde ingrato,
                  divertido en el retrato.)

Conde (Aparte.)   (¿Qué es esto que he visto cielos?
                    Rendido está a los primores,
                  de aquel pincel, mi sentido.)

Gaulín   Muy buena hacienda han traído
                  los amigos pescadores;
                    bien puede darles, Lisbella,
                  su hallazgo.

Conde   Gaulín, desde hoy
                  sabrá Lisbella que soy
                  sombra de esta imagen bella.

Gaulín	Mira que de exceso pasa tu locura.
Conde (Aparte.)	(¡Qué rigor! disimulemos, amor, el incendio que me abrasa.)
Lisbella (Aparte.)	(¡Qué pague de esta manera mi amor el Conde!... ¿qué haré cielos? disimularé su ocasión.)
Dentro	¡Guarda la fiera!
Rey	Aquella voz me convida... venid, sobrinos, conmigo.
Lisbella	Ya voy.
Conde	Yo, Señor, te sigo.
Rey	Da el retrato, por tu vida, a quien le guarde. Despúes tendréis los dos premio justo.

(Vanse.)

Pescador 1	El saber que es de tu gusto, es el mayor interés.

(Vanse.)

Conde	De mi brazo y de mi aliento no has de poder escaparte,

si no te esconde la tierra;
aguarda, fiera.

Gaulín   No aguardes.

(Sale el conde tras una fiera vestida de pieles vale a dar y vuélvese una tramoya
y aparece Rosaura como está pintada en el retrato.)

Conde   Espera, monstruo circero.

Gaulín   ¡Señor, que es gran disparate!
                 ¡Hombre, que te precipitas
                 a morir!

Conde   Temor infame,
                 esto ha de ser; ¡todo el cielo
                 me valga!

Gaulín   ¡Bizarro lance,
                 que buscando una fiera,
                 una belleza se hallase
                 mi amo! ¿Qué más ventura?
                 ¡Y que yo nunca me halle,
                 si no es uno que me mienta,
                 si no es cuatro que me engañen,
                 cuarenta que me apeleen,
                 cuatrocientos que me estafcn!
                 Sin duda que esto consiste
                 en el ánimo; animarme
                 quiero y buscar mi ventura;
                 ya podrá ser que topase,
                 en vez de moza, una sierpe,
                 y en vez de un talego, un fraile.
                 Mas, ¿qué es aquello? mi amo

parece que está en éxtasis,
o que a lo de resurrexit,
judio asombrado yace;
yo quiero ver que resulta
de suspensiones tan grandes;
que, si no me engaño, ya
parece que quiere hablarle.

Conde   Cuando fiera te seguí,
monstruo, mujer o deidad,
ignorando tu crueldad,
solo a un riesgo me ofrecí;
pero ya descubre en ti
más peligros mi flaqueza;
pues cuando de tu fiereza
libre examiné el rigor,
mal podré, muerto de amor,
librarme de tu belleza.
    Tu hermosura y tu cautela
se han conjurado en mi daño;
que una se viste de engaño,
y otra a la fiereza apela.
No en vano el temor recela,
dar riesgos después de verte,
pues de esta o de aquella suerte,
vienes a ser mi homicida;
y si, fiera cruel, das vida;
beldad piadosa, das muerte.
    ¿Eres de este valle diosa?
¿eres ninfa de este monte?
¿cuál es el sacro horizonte
de tu aurora milagrosa?
Muda fiera, enigma hermosa
de aquel retrato, que al arte

por tuyo excede, ¿en qué parte
vives, asistes o estás?

Rosaura   Si me buscas, me hallarás.

(Desaparece Rosaura.)

Conde   Voy con el alma a buscarte.

          ¿Por qué a mis ojos te niegas,
bello hechizo, hermoso áspid?

Gaulín   Vive Cristo, que a mi amo
le han dado con la del martes.

Conde   ¿Por qué te escondes y dejas
burlada mi fe constante?
«Si me buscas, me hallarás»,
dijiste, y cuando buscarte
quiero, ligera desprecias
mis esperanzas amantes.
¡Qué haré, cielos! ¿qué he de hacer?
o respóndedme, o mátadme.

(Vase.)

Gaulín   En tanto que el Conde está
dando suspiros al aire,
he de buscar mi ventura,
siquiera por imitarle.
Ea, a la mano de Dios,
venzamos dificultades
de miedo, si acaso topan
mis dichas en animarme;

que será posible, pues,
a los atrevidos hace
fortunilla los cortijos,
que me ayude favorable.
Quiero ver; aquí no hay nada.

(Busca, mira por el tablado y sale el conde.)

Conde   Estos verdes arrayanes
fueron de su planta alfonbra,
siendo del campo plumajes.
¡Vive el cielo, que estoy loco!

Gaulín   Apostaré que dice alguien,
que esto es andar por las ramas;
mas entre aquellos dos sauces
veo la sombra de un Sol,
sin nubes y con celajes.

(Descúbrese Aldora al otro lado entre unos árboles.)

Vive Dios, que di con él.
Todo el cielo se me cae
encima, que llueven glorias.
ésta es runfla sin descarte,
perla sin concha, y almendra
sin cáscara, o ropaje
de engaños ni de fiereza.
La muchacha es como un ángel.
¡Oh animal el más hermoso
de todos los animales!

Conde   Aquí he perdido mi bien,
y aquí, cielos, he de hallarle.

Bosques, fieras, espesuras,
campos, prados, montes, valles,
ríos, plantas, pajarillos,
fuentes, arroyos, cristales,
decid, ¿dónde está mi bien?

(Vase.)

Gaulín   Orlando furioso, tate;
                cada loco con su tema.
                Pues antes, reina, pues antes,
                que me dé otro trascantón.

(Vala a coger y vuela y sale un león y coge a Gaulín y sale el conde.)

Conde   ¿Dónde iré?

Gaulín   Cielos, libradme,
                ya que mi amo no quiere.

Conde   ¿Qué es esto?

Gaulín   Es para la tarde.

(Al ir a embestirle se desaparece el león.)

Conde   ¡Oh fiero león, espera!
                desvaneció en un instante
                su espantosa forma.

Gaulín   ¡Ay Dios!
                todo estoy hecho vinagre.
                Mira, Señor, si me ha herido;
                que por estos arrabales

parece que estoy sudando
aunque no aromas fragantes.

Conde   No estás herido, sosiega.

Gaulín   ¿De verdad?

Conde   ¿He de engañarte?

Gaulín   No, pero será posible
que a ti la vista te engañe,
pero no el olfato a mí;
no acabo de santiguarme;
¡Jesús mil veces, Jesús!
¡Qué tierra de Barrabases
es esta donde no hallamos
sino fieras y animales,
que burlen y que aporreen!

Conde   Confuso estoy.

(Suenan truenos.)

Gaulín   ¿Yo cobarde?
pues mira que truenecitos;
hoy damos con todo al traste.
¿Si es Tesalia o la engañosa
de Circe? estancia agradable;
salgamos presto, Señor,
de ella; que se cubre el aire
de nubes y exhalaciones.

Conde   ¿Cómo es posible alejarme
de este sitio, si en él dejo

del alma la mayor parte?

Gaulín

Déjala toda y partamos;
que al alma no han de tocarle
en un pelo de la ropa.
A estos cuerpos miserables
es fuerza que les busquemos
albergue donde se guarden;
fuera de que, el rey, tu tío,
y tu esposa han de buscarte,
y han de estar perdiendo el juicio
de ver que así los dejaste.
Rayo es aquel; ¡Santa Prisca,
Santa Bárbara, Sant Ángel!
salgamos presto de aquí.

Conde

¿Dónde podrás ocultarte
de la inclemencia del tiempo?

Gaulín

Del tiempo, en ninguna parte;
porque todo está a cureña
rasa; mas para librarte
de las fieras de estos montes
esta noche, allí nos hace
del ojo una nao, que está
varada en aquel paraje,
que debieron de dejar
surta allí los temporales,
y aunque está desarbolada,
sin jarcias y sin velamen
para navegar, al menos
podrá, esta noche albergarte
de las fieras, como digo.

Conde	Tus miedos han de obligarme a perderme.
Gaulín	Acaba presto; mira, Señor, que es ganarte.
Conde	Vamos, si es ganarme.
Gaulín	Ven; que de ti quiero agarrarme.
Conde	Fiera hermosa, aunque me voy, presto volveré a buscarte.

(Vase.)

Fin de la primera jornada

Jornada segunda

(Salen el conde y Gaulín su criado.)

Conde
          ¡Notable navegación!
si no pasara por mí,
no creyera tal.

Gaulín
              Yo sí;
y si mayor confusión,
  —después de tanto tormento—
es ver un navío seguro,
sin piloto, Palinuro,
que sin embate ni viento,
  tan sosegado tomase
puerto en esta playa, caso
que ahora parece acaso.

Conde
¡Que se fuese y me dejase!

Gaulín
  Que es gran maravilla, pienso,
o alguna extraña aventura.

Conde
¡Qué prodigiosa hermosura!

Gaulín
¿De qué estás, Señor, suspenso?

Conde
  El sentido he de perder.

Gaulín (Aparte.)
(Él ha dado en mentecato.)

Conde
¡Oh peregrino retrato,
oh bellísima mujer!

Gaulín	Señor, que te echas a pique
	haciéndole al juicio quiebra;
	¿no ves que te dio culebra,
	la fiera por alambique
	vuelta en dama, y que sin duda,
	fue algún espíritu malo?

Conde	A un ángel, Gaulín, la igualo;
	de ese pensamiento muda.

Gaulín	Con eso me desbautizo,
	me enfurezco, me remato;
	¿enviaste aquel retrato?
	¿no ves que fue ruido hechizo?
	pues luego ver una fiera,
	y transformarse en mujer,
	—aunque no hay mucho que hacer—
	¿quién, sino el diablo, lo hiciera?
	Entrarnos en un navio
	desarbolado, y al punto
	verlo con jarcias, pregunto,
	¿quién pudo hacerlo, amo mío?
	no ver quien lo gobernaba,
	quién lo sacó y guió
	hasta aquí, pregunto yo,
	¿quién lo hizo, Señor?

Conde	Acaba,
	Fortuna.

Gaulín	¡Gentil despacho!
	¡Linda urdiembre y mejor trama,
	retrato, nao, fiera y dama,
	fortuna.

Conde	Calla, borracho.
Gaulín	¡Yo de hambre y sed, vive el cielo! tengo ya lánguido el bulto.
Conde	Ahora, Gaulín, dificulto el comer.
Gaulín	¡Qué gran consuelo fuera para mí el hallar una santa chimenea! Mas, ¡vive Dios!, que humea hacia allí, no hay que dudar.
Conde	¿Qué? ¿Estás loco?
Gaulín	No estoy loco.
Conde	De tu humor me maravillo.
Gaulín	Morirás; hay un castillo bellísimo.
Conde	Espera un poco; dices bien, yo he de ir allá.

(Mirando el conde hacia donde estará pintado un castillo.)

Gaulín	Vamos, aunque sea al abismo. Contigo, al infierno mismo no temeré, claro está; porque es cierta conclusión, que contradición no implica,

que quien anda en la botica,
ha de oler al diaquilón.

Conde   Entra, pues.

Gaulín   Ya, Señor, entro,
si puedo; que el miedo sabio
azoga el aliento al labio,
mas, él se quedó allá dentro.

(Entran en el castillo y salen Aldora y Rosaura.)

Aldora   Ya, en el castillo le tienes;
¿qué intentas hacer ahora?

Rosaura   Darme de mi dicha, Aldora,
venturosos parabienes.

Aldora   Y en fin, ¿mañana has de dar
a los príncipes audiencia?

Rosaura   Sí, aunque es vana diligencia,
...   -ar

Aldora   Pues ya viene allí.

(Mirando a la puerta de la derecha.)

Rosaura   Procura
que no nos vea.

Aldora   Es error;
ven.

(Va[n]se y salen el conde y Gaulín temblando.)

Gaulín   Buen ánimo, señor,
                        que dizque todo es ventura;
                            mas, no sé si me resuelva
                        a parecer alentado;
                        porque aún no se me ha olvidado
                        el leoncillo de la selva.

Conde   Hermosa estancia, Gaulín,
                        y vestida ricamente.

(Mirando las paredes.)

Gaulín   Sí, mas no hemos visto gente
                        en sala ni camarín,
                            patio, tinelo o cocina;
                        de su distrito apacible,
                        ni un ápice comestible;
                        cosa que me desatina.

Conde   ¿Hambre tienes?

Gaulín   Claro está
                        que es contrario poderoso;
                        ¿tengo yo cuerpo glorioso,
                        como tú, señor? mas ya,

(Saquen una mesa sin que se vea quién, con mucho aparato y ponen una silla
arrimada al paño.)

                        sin ver ni oir quién la pone,
                        silla y mesa tienes puesta;
                        grandiosa ventura es esta,

                         que la suerte te dispone.

Conde   Cosas son éstas, Gaulín,
                         que no le dejan recurso
                         a la razón ni al discurso,
                         encaminados a un fin.
                            Miro varios accidentes,
                         cuyas conjeturas son
                         para el alma confusión.

Gaulín   Lo mejor es que te sientes.
                            Todos los medios que has visto,
                         te guiaron a este empeño;
                         come, no se encoge el dueño
                         de casa; por Jesucristo,
                            agradece el hospedaje,
                         aunque sea cumplimiento.

Conde   No entiendo tanto portento.

Gaulín   Come, pese a mi linaje.

Conde   ¡Válgame Dios, si no fuera
                         mi corazón tan valiente!

Gaulín   No seas impertinente,
                         que la comida te espera.

Conde   Por no parecer ingrato,
                         me mostraré agradecido.
                         Mas, por Dios...

Gaulín   Ya me he comido
                         yo con los ojos un plato.

Conde	Que escusara el beneficio, excusado el bienhechor.
Gaulín	No des en eso, Señor; acaba.
Conde	Pierdo el juicio.
Gaulín	Siéntate.

(Siéntase y quitan la toalla de encima por dentro de la mesa.)

Conde	Siéntome, pues.
Gaulín	Y esto, ¿no lo hace el diablo? pues, por Dios, que no soy Pablo ni Onofre; mi amo es. Música a fuer; de Señor te tratan.

(Tocan instrumentos y cantan.)

Conde	Déjame oir.
Gaulín	Que nos dejara mugir, fuera el regalo mayor.

(Canten y coma el conde los platos que le sirven por debajo de la mesa.)

Conde	Dulce engaño, ¿dónde estás? que ciego ignoro la parte, donde mi amor puede hallarte.

(Cantan dentro.)

Voz   «Si me buscas me hallarás.»

Conde   ¿Si me buscas me hallarás?
el final de aquella letra,
toda el alma me penetra.

Gaulín   Advierte que cantan más.

(Una voz dentro canta.)

Voz   «Si acaso ignoras de amor
esta enigma venturosa,
en la más dificultosa
más se conoce el valor;
no te parezca rigor
la duda que viendo estás.»

Todos   «Si me buscas me hallarás.»

Conde   Al alma me hablan; gran día,
Gaulín, para ti.

(Comiendo el conde siempre.)

Gaulín   Es preciso,
si lleno esté paraíso.

Conde   Come éste; por vida mía;
pues esta licencia da,
el ver que nadie nos ve.

(Apártale una empanada que estará a una esquina de la mesa.)

Gaulín   Dios te dé vida; que a fe,
                          que la deseaba ya.

(Al tomarla, ábrela y salen cuatro o seis pájaros vivos de ella.)

                          ¿Qué es esto? burla excusada;
                          luego que empanada vi,
                          por Dios vivo, que temí
                          que me daban, en pan, nada.

Conde   Pues, ¿qué fue?

Gaulín   Nada presumas
                          que fue, pues en un momento,
                          los pájaros en el viento
                          forman abriles de plumas;
                          volaron, en conclusión.

(Bebe el conde y al darle el vaso a Gaulín se lo quitan de la mano.)

Conde   Brindis.

Gaulín   Salutem et pacem,
                          aunque sin razón me hacen,
                          digo que haré la razón.

Conde   ¿Qué es esto?

Gaulín   Qué puede ser
                          sino la mala ventura
                          que me sigue y me procura
                          desbautizar y ofender?
                          ¿Soy zurdo, o soy corcovado?

¿cómo me tratan así?

Conde   Come, Gaulín, come aquí
en este plato, a este lado.

(Pásase Gaulín al otro lado.)

Huéspedes somos los dos;
quizá aquí estarás seguro.

(Al comer del plato que le aparta el conde se lo quitan de la mano.)

Gaulín   ¡Oh maestresala perjuro,
quien te viera! ¡Vive Dios,
que este es rigor inhumano!

Conde   Calla, y el semblante alegra.

Gaulín   Pues lleve el diablo a mi suegra;
¿soy camaleón cristiano?
¿para esto nos han traído?
mal haya, amén, la venida.

(Vuelven a cantar.)

Conde   ¿Cantan? oye, por mi vida.

Gaulín   Oye tú, pues has comido.

(Música dentro.)

Voz   «Probé lágrimas vertidas
y enjutos ojos serenos,
y sé que no cuestan menos

lloradas que detenidas.»

Conde   Buscaré; pues que me animan,
esta dicha.

Gaulín   De la mesa
he de tomar esta presa;

(Al ir a meter la mano en el plato se la agarran.)

        ¿por qué? ¿por qué me lastiman?
         ¿qué te he hecho? ¿qué te he hecho,
mujer, hombre o Satanás?

(Suéltanle la mano, levántase el conde y quitan la mesa.)

        ¿No comes más?

Conde   Ya no más.

Gaulín   Hágate muy buen provecho.

        Tú has comido; y, ¡ay del triste
que está en ayunas!

Conde   ¡Prodigios
me suceden!

Gaulín   Vive Dios,
que estoy hambriento y mohino.
Ya es de noche y encerrados
en esta trampa o castillo
estamos, sin luz, sin camas;
por Dios, que pierdo el juicio;

parece, señor, que adrede,
aún mas presto ha anochecido
que otras veces.

Conde   No te aflijas.

Gaulín   ¡Gran flema! ¡gentil alivio!
encerrados y sin luz;
sin saber la parte o sitio
dónde estamos; claro está
que este es encanto o hechizo
del Demonio, o por lo menos
estamos entre enemigos
de la fe.

Conde   Aunque sean demonios,
resistirlos.

Gaulín   ¿Resistirlos?
yo no estoy para reñir,
y tengo el bulto vacio,
y no haré más; ¡Dios me valga!

(Sale Rosaura a oscuras y tropieza al salir.)

Rosaura   Tropecé, ¡Dios sea conmigo!

Gaulín   No tan malo; ¿oyes, Señor?

(Temblando Gaulín, con miedo.)

                           A Dios nombró.

Conde   Ya lo he oido;

¿quién va allá?

Rosaura

¿Quién habla aquí?

Conde

Un hombre.

Rosaura

Pues ¿qué motivo
le ha traído a profanar
de mi palacio el retiro?

Conde

La Ocasión.

Rosaura

¿De qué manera?

Conde

Yo lo ignoro, por Dios vivo.

Rosaura

Pues, ¿quién os trujo?

Conde

No sé.

Rosaura

¿Qué buscáis?

Conde

Un laberinto.

Rosaura

Y, ¿quereis salir de él?

Conde

Sí,
si vos me dais luz e hilo.

Rosaura

Ahora bien; sosegaos, Conde.

Conde

¡Válgame Dios! ¿quién os dijo
quien soy?

Rosaura	Quien lo sabe.
Conde	Basta;
	que digáis, os suplico,
	quién sois.
Rosaura	Soy una mujer
	que os quiere.
Conde	El favor estimo.
Gaulín	¡Plegue a Dios que por bien sea!
Rosaura	Ya, que le paguéis aspiro.
Conde	Si aspiráis a eso, no
	desluzgáis el beneficio
	en ocultaros de mí.
Rosaura	El ocultarme es preciso
	por algún tiempo.
Conde	Es rigor.
Rosaura	Es fuerza.
Conde	¡Oh qué barbarismo!
	¿Queréisme bien?
Rosaura	Os adoro.
Conde	Pues, ¿qué teméis?
Rosaura	A vos mismo.

Conde	¿No sois digna de mi amor? Decid.
Rosaura	Sujeto sois digno de mucho amor.
Conde	Pues, ¿por qué, cuando me tenéis rendido en vuestro poder y estáis satisfecha de lo dicho, me negáis vuestra hermosura, privando el mejor sentido del gusto en su bello objeto?
Rosaura	No apuremos silogismos; confieso que es el más noble; más pronto, más advertido que los demás; pero yo, para acrisolar lo fino del oro de vuestra fe, árbitro hago el oído en su juicio, afianzado de mis dichas lo propicio con misterioso decoro; demás que ya me habéis visto y os he parecido bien.
Conde	¿Yo? ¿cuándo?
Rosaura	No he de decirlo; tiempo vendrá en que sepáis quién soy y lo que os estimo.
Gaulín (Aparte.)	(Brava maula; ¡vive Dios!

que lo cogió al esportillo.)

Conde   ¿Que al fin, no queréis que os vea?

Rosaura   No puedo.

Conde   ¡Raro capricho!

Rosaura   Conde, creedme y queredme.
Ciego es amor.

Conde   Ciego y niño,
cuya materia alimenta
los espíritus visivos
de dos que se corresponden.

Rosaura   Débaos yo haberme creído,
pues me debéis lo que os quiero.

Conde   ¿No me obligáis?

Rosaura   Sí, os obligo
ahora descansad; el lecho
os espera.

Conde   No es alivio
el lecho para quien tiene
tan desvelado el juicio.

Rosaura   Pues que os desveléis me importa;
que para cierto designio,
os he después menester.

Conde   Si valgo para serviros,

	dichoso yo; ahora estaré contento y agradecido.
Rosaura	Ea, entráos a reposar, que una antorcha os dará aviso, seguidla.
Conde	Esperad, oid.
Rosaura	No puedo, adiós.
(Vase.)	
Conde	¿Has oído lo que me pasa, Gaulín?
Gaulín	Y estoy temblando de oirlo.
Conde	¿Quién será aquesta mujer?
Gaulín	Bruja, monstruo o cocodrilo será, pues tanto se esconde... allí viene el hacha; asido de ti me tengo de entrar.
Conde	La luz por mi norte sigo.
Gaulín	Yo la tuya por mi Sol.

(Sale Aldora con una hacha y va guiando al conde y al entrarse Gaulín; ella le agarra.)

Aldora	¿Dónde vas tú?

Gaulín	¡San Patricio!
	donde su mercé mandare;
	siguiendo iba cierto amigo,
	a quien un ángel o un cielo
	hoy hace amigable hospicio.
	Mas, dónde su mercé está,
(Aparte.)	(Virtud quiero hacer el vicio,
	¡Oh gran necedad del miedo!
	no he menester, imagino,
	más favor.)
Aldora	¿Ángel o cielo?
Gaulín	Sí, Señora.
Aldora	¿Habéisla visto?
Gaulín	No, Señora.
Aldora	Siempre habláis
	de cabeza.
Gaulín	Pues, ¿qué he dicho?
Aldora	Nada; que rata, ratera,
	Roma, raída, ronquillo...
Gaulín	¡Oh!
Aldora	Raposa, raída, rana,
	relamida...
Gaulín	¡San Remigio!

Aldora	¿No es esto hablar?

Gaulín
>   Do, re, fa,
> mi, Sol —la piedad te pido—;
> un rastrojo, un remendón,
> un repostero, un rengifo,
> un repollo.

Aldora
>   Bien está.

Gaulín
> Y tu esclavo...

Aldora
>   Ven conmigo;
> que de todas estas erres
> has de llevar un recibo.

Gaulín
> ¿Relámpagos a estas horas?
> sobre mi dio el remolino.

(Vanse y salen Emilio y Roberto de Transilvania.)

Roberto
>   Como quien dice amor dice impaciencia;
> hoy, que Rosaura hermosa nos da audiencia,
> a esta justa de amor, aventurero
> vengo, Emilio, el primero.

Emilio
>   Quien primero en grandezas siempre ha sido
> primero, claro está, será elegido.

Roberto
> No me prometo de mis dichas tanto.

(Sale Federico de Polonia.)

Federico
> ¡Si me premiase amor, pues sabe cuánto

lo deseo!

(Sale Eduardo de Escocia.)

Eduardo

De amor los tribunales,
solicitamos hoy con memoriales.

Federico

¿Qué hay, famoso Roberto?

Roberto

De amor al triunfo incierto,
tres concurrimos; ¡lance peligroso!

Federico

Si el mérito se advierte,
yo estoy desconfiando de mi suerte.

Roberto

Pues, si el común proverbio mi fe es fuerza
yo, príncipe, seré feliz por fuerza;
si al fin, como mujer, Rosaura elige,
si ya no es que deidad mayor la rige.

Emilio

Caballeros, su alteza.

(Salen Rosaura, Aldora y acompañamiento.)

Federico

¡Qué majestad!

Eduardo

¡Qué garbo!

Roberto

¡Qué belleza!

Emilio

Aquí están, gran Señora,
los príncipes heroicos.

Rosaura

¡Ay Aldora,

que han de cansarse en vano!

Emilio	El escocés, polonio y transilvano.

Aldora	No excuses agasajos repetidos.

Rosaura	Sean vuestras altezas bienvenidos.

Roberto	Quien ya os pudo ver, no se ha excusado de ser en cualquier tiempo bien llegado.

Rosaura	Lisonja o cortesía, es de estimar; sentaos, por vida mía.

(Después de haberse asentado Rosaura, van tomando asientos diciendo cada uno estos versos cogiéndola en medio.)

Eduardo	A tal precepto, mi obediencia ajusto.

Roberto	Soy vuestro esclavo.

Federico	Obedecer es justo.

Rosaura	Supuesto que el ruido de la fama ligera os ha traído, ioh príncipes excelsos! que la fama clarín es ya que llama, por dote o por belleza, al casamiento, y el mío solicita vuestro intento, cualquiera digresión es excusada; admitiros me agrada, sea el buscarme gusto o conveniencia; hablad.

Roberto	¡Qué gran valor!
Eduardo	¡Qué gran prudencia!
Roberto	Habla tú, Federico.
Federico	Por no ocupar el tiempo, no replico. Yo soy, Rosaura hermosa,

(Haciendo la cortesía se levanta.)

de la provincia fértil y abundosa
de Polonia heredero;
no con riquezas obligaros quiero,
párias de plata y oro;
aunque es grande el tesoro
que hoy dispende mi padre Segismundo
por el mayor del mundo;
que el más rico, según mi sentimiento,
es el vivir pacífico y contento,
de su reino leal obedecido,
de todos los extraños bien querido.
Yo, pues, como publico,
soy, Señora, el polonio Federico.
Esto que soy, a vuestra alteza ofrezco,
y sé que no merezco
aspirar a la gloria
de estar un solo instante en tu memoria;
mas, básteme la dicha que interesa
mi fe, con oponerse a tanta empresa.

Eduardo	Mi nombre es Eduardo,

(Levántese y hace cortesía.)

60

mi reino Escocia, que en la gran Bretaña
se incluye, a quien el Talo, poco tardo,
de perlas riega, de cristales baña;
cerca le asiste el irlandés gallardo,
provincia hermosa, que, sujeta a España
participa feliz de su grandeza,
esfuerzo, armas, virtud, valor, nobleza;
no dilatado mucho, mas dichoso
por la fertilidad, riqueza, asiento,
belleza y temple de su sitio hermoso,
por suyo a vuestra alteza lo presento;
poco don, pero muy afectuoso,
y si igualarle a mi deseo intento,
a todos los del uno, al otro polo
no hay duda, excederá su valor solo.

Roberto   Yo soy, bella Emperatriz,
aquel prodigio a quien llama
Alcides fuerte la Europa,
invencible Marte el Asia;
cuyos hechos tiene impresos
el tiempo en la eterna España
de las memorias, porque
se inmortalicen preclaras
las mías, asunto ilustre
de la voladora fama,
que hoy noticiosa ejercita
plumas, ojos, lenguas, alas,
vista, relación y vuelo
en publicar alabanzas
a mi nombre; finalmente,
Roberto de Transilvania
soy, cuyo famoso reino

en sus términos abarca
cuatro grandiosas regiones,
que son Valaquia o Moldavia,
que todo es uno, la Servia,
la Transilvania y Bulgaria,
reinos distintos que incluye
el gran imperio de Dacia.
De estos, pues, soy heredero,
hermosísima Rosaura;
hijo soy de Ladislao
y de Aurora de Tinacria,
y más, me precio de ser
inclinado a lides y armas
que de los reales blasones
de sus ascendencias claras;
pues ya, diez y siete veces
me ha mirado la campaña
armado, sin que me ofenda
de enero la fría escarcha,
de julio el ardiente Sol,
con su hielo o con sus llamas.
Tiembla África de mi nombre,
sabe mi esfuerzo Alemania,
Dalmacia teme mi brío,
venera mi aliento España.
Perdona si te he cansado
en mis propias alabanzas;
que no suele ser vileza,
cuando a las verdades falta,
tercero que las informe,
razones que las persuadan.
Yo, pues, Rosaura divina,
ese imperio y el del alma,
libre a tu belleza ofrezco,

rendidas sus arrogancias,
sujetas sus bizarrías,
sus vanidades postradas;
justo rendimiento, pues
eres deidad soberana.

Rosaura   Príncipes valerosos,
estimo los intentos generosos
que han a vuestras altezas obligado,
puesto que asunto soy de su cuidado,
y en tan justo afecto se acrisola;
y quisiera tener, no un alma sola,
sino tres que ofreceros con la vida;
que es bien que al premio el interés se mida
por deuda o cautiverio;
mas no tengo más de una y un imperio
que ofrecer a los tres. La elección dejo
a los de mi Consejo;
esto se mirará con advertencia
de mi decoro y vuestra conveniencia;
y puesto que ninguno ha de ofenderse,
despacio podrá verse
el que ha de ser mi dueño.

(Levántanse todos.)

Roberto   Soy contento.

Eduardo   ¡Claro ingenio!

Federico   ¡Divino entendimiento!
Sea como lo ordenas.

Roberto   Tu precepto

	es ley en mi respeto.

Rosaura   Quedaos; que no quiero deteneros.

(Van acompañándola hasta la puerta representando siempre.)

Roberto   Señora, en todo es justo obedeceros,

(Vanse la princesa Rosaura por su puerta y los demás por otra y salen el conde y Gaulín.)

Conde   ¿Qué dices?

Gaulín   Digo que oí
lo que te he dicho.

Conde   No sé;
¿Constantinopla?

Gaulín   Eso fue.

Conde   ¿Que es Constantinopla?

Gaulín   Sí.

Conde   ¿Tú, en fin, estás bien
hallado?

Gaulín   ¿No he de estar, si duermo y como
sin pagarle al mayordomo
distribución ni cuidado?

Conde   De mis dichas participas.

Gaulín	Claro está y tener procuro
	en mi estómago a Epicuro
	y a Heliogábalo en mis tripas;
	yo no sé por dónde viene,
	quién lo guisa o quién lo da;
	mas sé que en entrando acá
	es bueno el sabor que tiene.
	Guarde Dios cierta marquesa,
	que no veo, sin embargo
	que tomó muy a su cargo
	las expensas de mi mesa
	desde la noche que entramos;
	pero, dejando esto aparte,
	he querido preguntarte
	mil veces, no sé si estamos
	seguros de qué nos dio;
	escucha a fuer de convento,
	¿cómo te hallas?
Conde	Muy contento.
Gaulín	¿Viste ya la tal mujer?
Conde	No.
Gaulín	¿Qué dices?
Conde	Lo que te digo.
Gaulín	Pues, ¿por qué?
Conde	Porque no quiere.
Gaulín	¿Amante de miserere

65

te has hecho?

Conde   Mis dichas digo.

Gaulín   ¿Y la quieres bien?

Conde   La adoro.

Gaulín   ¿Sin verla, Señor?

Conde   Sin vella.

Gaulín   ¿Y Lisbella?

Conde   No hay Lisbella;
perdóneme su decoro.

Gaulín   Y, ¿el retrato y fiera?

Conde   Espera;
vengo Gaulín, a entender
que es esta hermosa mujer
mi bella adorada fiera;
    porque haciendo reflexión,
de los sucesos pasados
en la memoria y notados
equívocos y canción,
    y otras mil cosas, es ella.

Gaulín   Ésa es ignorancia clara,
porque no se te ocultara,
siendo una mujer tan bella.

Conde   Con fe de que la he querido,

66

sea o no sea.

Gaulín   Bien mirado,
tú estás muy enamorado,
pero muy mal avenido.
     La fiera no es maravilla
querer; mas, ¿quién no se pasma
de que ames una fantasma,
buho, lechuza, abubilla,
     sin saber si es moza o vieja,
coja, tuerta, corcovada,
flaca, gorda, endemoniada,
azafranada o bermeja?
     por Dios, que es un desaliño
de los más lindos que vi.

Conde   Yo adoro, Gaulín, allí
un espíritu divino.

Gaulín   ¡Espíritu! guarda fuera.

Conde   Un entendimiento claro,
un ingenio único y raro,
de quien mi fe verdadera
     hoy se halla tan bien pagada,
que aprehende y con razón,
que es la mayor perfección
su hermosura imaginada;
     igual al entendimiento
será toda, es evidencia.

Gaulín   Yo niego la consecuencia
y refuto el argumento,
     pues jamás oí igual cosa,

ni es posible que se vea;
siempre la discreta es fea
y siempre es necia la hermosa.

Conde   Si de iguales perfecciones
consta la hermosura; ella
es la más discreta y bella.

Gaulín   Disparate, aunque perdones;
tú la miras con antojos
de hermosura.

Conde   El alma ve,
y el alma ha de hacer más fe
que el crédito de los ojos.

Gaulín   ¡Qué hayas dado en inocente!
Ya la noche se ha llegado;
yo me acojo a mi sagrado.

Conde   Parece que siento gente.

Gaulín   Es fuerza, que ha anochecido.
Yo temo que me han de dar
mil palos y he de pagar
por lo hablado, lo comido.

Conde   Calla, necio.

Gaulín   Ya me voy.
Adiós, ¡oh que miedo llevo!
hoy me ponen como nuevo.

(Vase y sale Rosaura.)

Rosaura	¿Conde?
Conde	¿Quién me llama?
Rosaura	Yo soy.

¿Cómo te hallas desde anoche?

Conde	Como quien libradas tiene,

en tu amor las esperanzas
de su vida o de su muerte;
como quien vive de amarte,
como quien sin verte muere,
y entre la gloria y la pena
el bien goza, el mal padece.
Pues si nada de esto ignoras,
pues si todo esto aprendes,
¿cómo a mis ojos te niegas?
¿has juzgado —acaso— aleves
las lealtades, los efectos
de mis verdades corteses?
que si es así, vives tú,
dueño amado, que me ofendes
en imaginarlo, aún más
que me obligas con quererme.

Rosaura	Conde, amigo, Señor, dueño,

aunque pudiera ofenderme
de tu poca fe, después,
de tan grandes y solemnes
juramentos, como has hecho,
de no hablar con esa leve
materia, ni procurar

de ninguna suerte verme
hasta que ocasión y tiempo
nuestras cosas dispusiesen,
préciome tanto la tuya;
¡oh Conde! y tanto me debes,
que disculpo lo curioso
de tu deseo impaciente,
con los achaques de amor,
que en ti flaquezas parecen.
A la fuerza de tus quejas,
he satisfecho mil veces
con decirte que soy tuya
y que presto podrás verme;
—o sea razón de estado,
o forzosos intereses
de mi voluntad, o sea
prueba de mi corta suerte—.
Hagan más crédito en ti
de amor las hidalgas leyes,
que el antojo de un sentido,
a quien no es justo deberle
crédito tal vez los cuatro.
Supuesto que engaña y miente;
los demás están despiertos,
y si ahora la vista duerme,
no quieras que por mi daño
y por el tuyo despierte.
Esto, Conde, importa ahora;
bien es que tu amor se esfuerce
en las dudas, que el valor
nunca en ellas desfallece.
Y porque veas que yo,
aún siendo forzosamente,
por mujer, más incapaz

de aliento, más flaca y débil;
fío más de tus verdades
y de la fe que me tienes,
que tú de mí te aseguras,
quiero revelarte —advierte—
un secreto, confiada
en que indubitablemente
te volveré a mis caricias
victorioso, ufano, alegre.
Francia está en grande peligro,
el inglés cercada tiene
a París, del Rey, tu tío,
famosa corte eminente.
Ha sentido el Rey tu falta,
—como es justo—, pues no puede,
sin tu valor, gobernar
su desalentada gente.
Ésta, Conde, es ocasión
que dilación no consiente;
ve a favorecer tu patria,
haz que el enemigo tiemble,
que se sujeten sus bríos,
que su arrogancia se enfrene;
prueba es ésta de mi amor,
pues siendo el gozarte y verte
mi mayor dicha, procuro,
Partinuplés, que me dejes,
porque quiero más tu honor
que los propios intereses
de mi gusto; esto es amarte.
Al arma, pues, héroe fuerte;
ea, gallardo francés,
ea, príncipe valiente,
bizarro el escudo embraza,

saca el acero luciente,
da motivo a las historias
y a tu renombre laureles.
Al arma toca el honor;
la fama el ocio despierte,
el triunfo llame a las glorias
de tus claros descendientes;
pueda el valor más en ti
que de amor los accidentes;
desempeña belicoso
la obligación de quien eres;
porque yo te deba más
y porque el mundo celebre
mis finezas y tus bríos,
que unas triunfan y otras vencen.

Conde (Aparte.)   (Entre el amor y el temor,
                    no sé lo que me sucede.)
                    Al fin, Señora, ¿que Francia
                    está en peligro eminente?

Rosaura   No hay duda, Conde; al remedio.

Conde   Si tú me animas, ¿qué teme
                    mi amor? Mas, ¿podré llegar
                    a tiempo, cuando tan breve
                    remedio pide el peligro?

Rosaura   Eso, Conde, es bien que dejes
                    a cargo de quien dispone
                    tus cosas; en ese puente
                    del río, que este castillo
                    foso de plata guarnece;
                    hallarás armas, caballo,

	y quien te encamine y lleve en breve espacio.
Conde	¿Que al fin te he de dejar? ¡Lance fuerte!
Rosaura	Esto importa por ahora; tiempo queda para verme, si acaso mi amor te obliga.
Conde	Haz de mí lo que quisieres.
Rosaura	¿Sabes que me debes mucho?
Conde	Sé que he de pagarte siempre.
Rosaura	¿Sabes que el alma me llevas?
Conde	Sé que he de morir sin verte.
Rosaura	¿Serás mío?
Conde	Soy tu esclavo.
Rosaura	¿Serás firme?
Conde	Eternamente.
Rosaura	¿Olvidarasme?
Conde	Jamás.
Rosaura	¿Volverás con gusto?

Conde   Advierte
                    que sin ti, no quiero vida.

Rosaura   Pues, adiós.

(Vase.)

Conde   Adiós. Si excede
                    la obligación al amor,
                    en mi ejemplo puede verse;
                    pues hoy, porque mi honor viva,
                    me solicitó la muerte.

(Vase.)

                    Fin de la segunda jornada

Jornada tercera

(Sale el conde y Gaulín diciendo dentro.)

Gaulín
Para, para, tente, espera,
Pegaso o Belerofonte
del infierno. Vive Dios,

(Sale.)
que temí que de este golpe,
dábamos en el profundo.
Lástima es que se malogre
aquel triunfo, con volvernos
tan presto a ser motilones
de este convento de amor,
donde servimos a escote
por la comida.

Conde
¡Ay Gaulín!

Gaulín
No te quejes, no provoques
el cielo; pues tú lo quieres.

Conde
Está mi gusto tan dócil,
tan sujeto, tan rendido
a esta mujer, no lo ignores,
que aunque ella no lo trujera,
como ves, yo hiciera entonces
alas de mi pensamiento,
y viniera a sus prisiones
satisfecho y obediente.

Gaulín
No sé qué hermitaño monje
pueda amar la reclusión
como tú; guarda no obre
mi relación, pues Lisbella

sabe los tales amores
y queda hecha un basilisco.
No sé cómo te dispones
a olvidarte de tu prima.

Conde   Ya, Gaulín, no me la nombres;
por este imposible muero.

Gaulín   Quiera Dios que no le llores
con ambos ojos después.
¡Qué necios somos los hombres!
Con una sola engañifa,
con una lágrima, un voyme
que nos hace una mujer,
—ioh quién las matara a coces
a todas!— nos despeñamos;
no hay razón que nos reporte,
cera se hace el que es diamante,
y el que es de acero, cerote.
iOh cual quedaría Lisbella,
—Válgame Señor San Cosme—
viendo nuestra fuga!

Conde   ¿Qué hay?

Gaulín   ¡Notables resoluciones!
Ya estás en tu propia esfera.

Conde   Bien la suerte lo dispone,
pues llego al anochecer
al castillo.

Gaulín   Señor, ¿oyes?
algo tienen de Noruega

	estos oscuros amores; pues de la luz de tus días, no gozas más de las noches.
Conde	¡Quién saliera de estas dudas! Ciega tengo de pasiones el alma y lleno el sentido de penas.
Gaulín	Pues ya es de noche; ¿cómo el ángel de tinieblas no sale a hacerte favores? que ya sabrá que has venido. Mas escucha, pasos se oyen en esta cuadra, chitón; pongo a los labios seis broches.

(Sale Rosaura.)

Rosaura	¿Conde, mi Señor?
Conde	¿Mi dueño?
Rosaura	Dame tus brazos.

(Abrázanse.)

Conde	Prisiones dulces y dichoso yo.
Rosaura	Hoy, de mi jardín las flores, vi alegres más que otras veces, y dije: «Bien se conoce mi dicha, pues que mostráis

tan vivos vuestros colores
dando al Conde bienvenidas».
Luego, en los ramos de un roble
alternaba un ruiseñor
celos, dulzuras y amores;
y dije, oyendo su canto:
«¡Qué bien das en tus canciones
la bienvenida a mis dichas!»
Oí el murmureo conforme
de una fuente que en cristal
desatadas perlas corre,
y viéndola tan risueña,
dije: «Bien se reconoce
que anuncias en tu alegría
de mis dichas los favores,
pues tan ufana te ríes
y tan linsojera corres».
No fue engaño del deseo,
pues quiere el cielo que goce
la mayor gloria, que es verte.
¿Cómo te has hallado?

Conde   Oye:
como sin el Sol el día,
como sin luces la noche,
como sin fulgor la aurora,
triste, tenebrosa y torpe.
Tú, ¿cómo has estado?

Rosaura   Escucha:
como sin lluvia las flores,
como sin flores los prados,
como sin verdor los montes,
suspensa, afligida y triste.

78

Gaulín	¡Qué gastan de hiperbatones! Infeliz lacayo soy, pues he prevenido el orden de la falsa, no teniendo dama a quien decirle amores. Descuidóse la poeta. Ustedes se lo perdonen.
Rosaura	Siéntate y dime el suceso de tu victoria.
Gaulín	¿Es de bronce mi amo?

(Siéntanse en unas almohadas de estrado.)

Conde	Oye pues.
Rosaura	Ya escucho. Sorda estés, Dios me perdone.
Conde	Partimos, como ordenaste, yo y Gaulín en dos veloces hipogrifos, si no fueron dos vivas exhalaciones. A París hallé cercada de enemigos escuadrones, alegres porque la miran sin resistencia que importe; porque mi tío, aunque hacía, ya con ruegos, ya con voces, oficio de general, poniendo su gente en orden,

sin valor ni resistencia
se hallaban sus años nobles,
por tantas causas rendidos
del tiempo a las invasiones.
Rompí del campo enemigo
la fuerza y tomando el nombre
del ejército francés,
procuro que su desorden
se reduzca a mi valor,
pudiendo en sus corazones
tanto mi valiente afecto,
que en tres horas vencedores
nos vimos de la arrogancia
de los escoceses y bretones.
Llegó mi tío y Lisbella,
y viéndome —no te enojes—
él contento, ella admirada
de verme... atiende... —¡durmiose!—
Digo, pues; ¿oyes, Señora?...
¡qué ocasión, Gaulín!

Gaulín   Pues, Conde,
no la pierdas, que es locura.

Conde   Por salir de confusiones
vive Dios, que a tener luz,
intentara, aunque se enoje,
saber... ah, Señora, ¿duermes?

Gaulín   ¿A qué aguardas? ¿a que ronque?
¿es bodegonera acaso?
en aquellos corredores
se determina una luz;
¿voy por ella?

Conde   Sí, no; ¿oyes?
                        vuela; mas no.

(Levántase.)

Gaulín   Acaba ya;
                        ¿no es mujer y tú eres hombre?
                        ¿te ha de matar?

Conde   Dices bien;
                        ve por ella.

Gaulín   Resolvióse;
                        salgamos de esta quimera.

(Vase.)

Conde   ¡Gran yerro intento, pasiones!
                        a mucho obliga un deseo
                        si tras un engaño corre;
                        ¿es posible que yo —¡Cielos!—
                        falte a mis obligaciones
                        por lisonjear mi gusto?

(Sale Gaulín con una vela encendida.)

Gaulín   Ésta es la luz.

Conde   Acabóse;
                        en esta curiosidad
                        sé que mi muerte se esconde;
                        mas ya, estoy en la ocasión;
                        de esta vez mi fe se rompe...

Dame esa bujía.

Gaulín   Toma.

Conde   Venzamos, amor, temores.
               ¡Válgame Dios, qué belleza
               tan perfeta y tan conforme!
               Excediose todo el cielo,
               extremando los primores
               de naturaleza en ella.
               ¿No ves la fiera del bosque,
               Gaulín?

Gaulín   Admirado estoy;
               ¡qué divinas perfeciones!

Conde   Bella esfinge, aún más incierta
               después de verte, es mi vida;
               a espacio matas dormida,
               aprisa vences despierta.
               Confusa el alma concierta
               sus daños anticipados;
               que si males ignorados
               un Sol el pasado advierte,
               ya para anunciar mi muerte
               dos soles miro eclipsados.
                 Hermosísimo diseño
               del soberano poder,
               ¿de qué te ha servido hacer
               en negarte tanto empeño?
               ¡Oh, bien haya, amén, el sueño,
               que suspendió tus cuidados!
               Engaños son excusados;
               que arguye malicia clara,

querer esconder la cara,
si matas a ojos cerrados.

Rosaura   Prosigue, Conde, prosigue...

(Medio dormida.)

¡Ay Dios! ¿Qué es esto? Engáñome
tu traición. ¿Qué has hecho, ingrato?

(Levántase.)

Gaulín   Hija en casa y malas noches
tenemos.

Rosaura   Mal caballero,
¿conmigo trato tan doble?
Falso, aleve, fementido,
de humildes obligaciones;
¿qué atrevimiento esforzó
tu maldad a tan disforme
agravio, engañoso, fácil?

(Sale Aldora.)

Aldora   ¿Qué tienes? ¿por qué das voces,
Rosaura hermosa? ¿qué es esto?

Rosaura   Aldora, a ese bárbaro hombre
haz despeñar, por ingrato,
traidor, engañoso enorme.
Muera el Conde; esto ha de ser,
aunque a pedazos destroce
el corazón que le adora,

83

con puros afectos nobles.
Esta es forzosa venganza,
aunque la pena me ahogue;
porque ya sin duda advierto,
pues malogré mis favores,
que del vaticinio infausto
es dueño el aleve Conde.
Muera antes que lo padezca
mi imperio; desde esa torre
hazle despeñar al valle;
pues ofendió con traiciones
tanto amor.

Aldora   ¡Ofensa grave!
Es francés, no es bien te asombre;
que jamás guardan palabra.

Conde   Oye.

Rosaura   No hay satisfaciones
a tal traición, a tal yerro.

Gaulín   Por Dios, que tú la reportes,
Señora.

Rosaura   ¿También tú hablas,
criado vil?

Gaulín   Sabañones;
¡mal haya mi lengua, amén!

Conde   Ya que el castigo dispones,
advierte...

Rosaura	¿Qué he de advertir?
Conde	Amor...
Rosaura	¿Qué satisfaciones?
Conde	Acuérdate...
Rosaura	No hables más.
Conde	De los dichosos favores...

Rosaura   ¡Oh atrevido! Presto, Aldora;
que con sus mismas razones
está incitando mis iras
para que venganza tomen.
Quítale ya de mis ojos;
acaba o daré mil voces
a los de mi guarda; ¡hola!

Gaulín   Sancti Petri, ora pro nobis.

Aldora   Ven, Conde, conmigo presto.

Conde   Ea, desdichas, de golpe
me despeñad, porque fui
del carro del Sol, Faetonte.

(Vanse, salen al son de cajas y clarines Lisbella con espada, sombrero de plumas y soldados.)

Lisbella   Ya es fuerza, heroicos soldados,
ya es tiempo, vasallos míos
que pruebe Constantinopla

vuestros esfuerzos altivos;
y que en su arenosa playa,
—a quien llaman los antiguos
Nigroponto—, echen sus anclas
nuestros valientes navios.
Esa voluble montaña,
esa campaña de pinos,
esa escuadra de gigantes,
ese biforme prodigio,
que se rige con las cuerdas
y gobierna con el lino,
quede surto en las espumas
de ese margen cristalino.
Supuesto que sabéis todos
o la causa o el designio
que, alentando a mi esperanza,
da a mi jornada motivo,
no ha de saltar nadie en tierra;
que a ninguno le permito
que me sirva o acompañe;
solos Favio y Ludovico
me asistirán, porque sean
de mis alientos testigos;
y verá Constantinopla,
y verá el mundo que imito
a Semíramis, armada
de ardimientos vengativos;
y verá también Rosaura,
cómo valerosa aspiro
a destruir sus imperios
si no me entrega a mi primo.
Ea pues, vasallos nobles,
puesto que, muerto mi tío,
soy vuestra reina, mostrad

de vuestro acero los filos;
pues si no me entrega al Conde
vuestro rey, vuestro caudillo,
¡vive Dios!, que en la experiencia
ha de hallar mal prevenidos
mis enojos y sus daños,
mis celos y sus delirios,
mi rigor y sus pesares,
mis iras y sus delitos.

Uno   Todos te obedecerán.

Otro   Todos morirán contigo.

Lisbella   Pues vamos a prevenir
mi venganza o mi castigo;
rayo ardiente desatado,
de cuyos oscuros giros,
primero el rigor se siente
que se previene el ruido.

(Vanse y salen Gaulín y el conde medio desnudo.)

Gaulín   Mira, Señor, que es locura
estimar la vida en poco.

Conde   Claro está, Gaulín, que es loco
quien perdió tal hermosura.

Gaulín   Si ella te quisiera bien,
no era fineza en rigor;
que en lo que verás de amor
más te engañó.

Conde	Dices bien.
Gaulín	Alégrate, pese a tal, que a tu vida es de importancia; mira que te espera en Francia tu Lisbella.
Conde	Dices mal.
Gaulín	¡Con qué rabia y qué desdén, la tal Rosaura, mandó matarte, y cómo mostró que era falsa!
Conde	Dices bien.
Gaulín	No des tan flaca señal de tu amorosa querella; apela para Lisbella, que es muy bella.
Conde	Dices mal; villano, infame, atrevido, tú tienes la culpa, tú.
(Va trás él.)	
Gaulín	¡Oh fiera de Bercebú, nunca tú hubieras nacido! ¡Ah Señor, Señor por vida de Rosaura, no me des!
Conde	Pierda yo la vida, pues hallé la ocasión perdida.

	¡Muerto estoy!

Gaulín   ¿Que vivo estás?

Conde   ¡Vivo yo! ¡qué vano intento!
               Yo no toco, yo no siento.
               Llégate, llégate más.

Gaulín   Aquí estoy bien.

Conde   ¿Dónde está
               mi vida?

Gaulín   Gentil historia:
               en ti mismo.

Conde   ¿Y mi memoria?

Gaulín   Tu Rosaura, de ella sabrá.

Conde   ¡Ay dulce amorosa llama!
               ¡qué me abraso, que me hielo!
               ¡Socorro, socorro, cielo!

(Sale Aldora, en una apariencia, en que se subirán con ella los dos al fin del paso.)

Aldora   ¿Conde? ¡ah, Conde!

Conde   ¿Quién me llama?

Aldora   Yo soy.

Gaulín   Tramoya tenemos;

esto es hecho.

Conde   ¿Oiste hablar?

(En el aire, sin verse.)

Aldora   ¿Conde?

Gaulín   Prisa en condear,
¿dónde nos esconderemos?
       Señores, aquí es mi hora;
temblando de miedo estoy.

(Ábrese la tramoya.)

Aldora   ¿Conde?

Conde   ¿Quién eres?

Aldora   Yo soy,
la que te protege, Aldora.

(Baja al tablado.)

Conde   Hermosísima Señora,
precursora de aquel Sol,
de aquel oriente arrebol,
lucero de aquella aurora,
       ¿es posible que te veo?

Aldora   Di, ¿cómo estás de esa suerte?

Conde   Quien desea hallar su muerte,
no hace en las galas empleo.

90

Mas dime, ¿qué novedad
de esta suerte te ha traído?

Aldora   Buscar tu dicha.

Conde   Yo he sido
dichoso, si eso es verdad.

Aldora   Tú has de sustentar por mí
un torneo.

Conde   Justo empleo,
cuando servirte deseo.

Aldora   Carteles puse, por ti,
    de que un príncipe encubierto,
sustenta que de Rosaura,
él solo la mano aguarda.

Conde   Ya tu pensamiento advierto.

Aldora   Diciendo que en calidad,
en valor y en bizarría,
y en puesto la merecía.

Conde   Ése soy yo.

Aldora   Así es verdad;
    el reino se alborotó,
y Rosaura en tus ardores,
a los tres sus pretensores,
a salir les obligó
    a la defensa, fiada
de mí, sospechosa que

de su rigor te libré;
y aún hasta ahora engañada.
    El tiempo se cumple ya
del cartel, mas no me espanto,
pues de mi ciencia el encanto
la jornada abreviará.

Conde   ¿Ella está ya arrepentida?
                 ¿qué dice?

Aldora   Lo que has oido;
                 solo a llevarte, he venido.

Conde   Di mejor, a darme vida.

Aldora   Vente conmigo, si quieres.

Conde   Dichoso mil veces soy.

Gaulín   Más loco que el Conde estoy;
                 demonios son las mujeres.

Aldora   En tu esfuerzo, la sentencia
                 se libra.

Conde   Su gusto sigo.

Aldora   Pues vente, Conde, conmigo.

(Pónense con ella los dos.)

Gaulín   Diablo eres, en mi conciencia.

(Van subiendo los dos en la tramoya y Aldora con ellos.)

Fuera de abajo, que sube;
y aunque tan espacio y quedo,
puede ser, que con mi miedo,
vapor granice la nube.

(Escóndese la tramoya y sale un viejo y Guillermo con la valla y martillo.)

Viejo   A esta hermosa batalla
                 hoy amor, ha de dar fin;
                 poned, Guillermo Guarín,
                 hacia esta parte la valla.

Guillermo   Aquí estará bien.

Viejo   Enfrente
                 está del real balcón.

Guillermo   En no haciendo colación,
                 no trabaja bien la gente.

(Ponen la valla.)

Viejo   Después beberás, Guillermo.

Guillermo   Mejor fuera ahora.

Viejo   Acaba.

Guillermo   Nuestro amo, tengo sed brava.
                 Mas vale cuero que enfermo;
                     ya está puesta deste lado.

Viejo   Dame, pues, acá el martillo.

Guillermo	Hoy, dos azumbres me pillo,
	a cuenta de lo ganado.
Viejo	¿Quién es el mantenedor?
Guillermo	Solo dicen los carteles
	que sustenta a tres crueles
	botes de lanza.
Viejo	¡Qué error!
Guillermo	Y a cinco golpes de espada;
	que en valor y en calidad,
	merece la majestad
	de la princesa.
Viejo	No es nada.
	Ea, ¿está fuerte?
Guillermo	Ya está
	como ha de estar.
Viejo	Pues venid;
	el que ganare la lid,
	buena moza llevará.

(Vanse y corren una cortina y descúbrese Rosaura sentada en un balcón con sus Damas y debajo unas gradas donde estará sentado como juez Emilio y tocan chirimías, cajas y clarines.)

Rosaura	¿Qué llegó, Celia, este
	día?

Celia   Sí, Señora.

Rosaura   Triste vengo.

Celia   No haces bien, por vida tuya,
                               que alientes, Señora, el pecho.

Rosaura   ¿Cómo es posible, ¡ay de mí!
                               si me falta en este empeño
                               mi prima Aldora? No sé
                               cual sea su pensamiento.

(Tocan cajas y clarines.)

Emilio   Ya viene el mantenedor;
                               mas a caballo, ¿qué es esto?

Rosaura   ¡Qué novedades son estas!
                               mujer es.

(Sale Lisbella a caballo y hace señas con un lienzo blanco.)

Emilio   Y con extremo
                               hermosa.

Rosaura   Escuchad; que hace
                               seña de paz con el lienzo.

Lisbella   Reina de Constantinopla,
                               a quien hoy lo mas de Tracia
                               en tu imperio reconoce
                               por Señora soberana;
                               príncipes, duques y condes,
                               oid; con vosotros habla

una mujer sola, que
viene de razón armada;
y porque sepáis quien soy,
yo soy Lisbella de Francia,
hija soy de su delfín
y de Flor de Lis, hermana
de Enrico, su invicto rey;
heredera soy de Galia,
reino a quien los Pirineos
humillan las frentes altas.
Dueño soy de muchos reinos,
y soy Lisbella; que basta
para emprender valerosa
esta empresa, aunque tan ardua.
Yo he sabido, Emperatriz,
que usurpas, tienes y guardas
al conde Partinuplés,
mi primo y que con él tratas
casarte, no por los justos
medios, sino por las falsas
ilusiones de un encanto;
y deslustrando la fama,
le tiranizas y escondes,
le rindes, prendes y guardas,
contra tu real decoro.
Yo, pues, que me halló obligada
a redimir de este agravio
la vejación o la infamia,
te pido que me le des,
no por estar ya tratadas
nuestras bodas; no le quiero
amante ya, que esta infamia
no es amor, que es conveniencia,
pues es forzoso que vaya

como legítimo rey,
supuesto que murió en Francia
mi tío, de cuya muerte,
quizá fue su ausencia causa,
y es el Conde su heredero.
Esto, emperatriz Rosaura,
vengo a decirte y también
que dejo una gruesa armada
en ese puerto que está
a vista de las murallas
de tu corte; y si me niegas
a mi primo, provocada,
no he de dejar en tus reinos
ciudad, castillo ni casa
que no atropelle y destruya;
porque, ya precipitada,
sin poderme resistir,
seré furia, incendio, brasa,
terror, estrago, ruína
de tu nombre, de tu fama,
de tu amor, de tu grandeza,
de tu gloria y de tu patria.

(Sale Aldora y pónese al lado de Rosaura.)

Aldora   ¿Esto es verdad o afición?

Emilio   ¡Oh qué francesa arrogancia!

Rosaura   Tú seas muy bienvenida.
                Ya culpaba tu tardanza;
                ¿has oido el reto, Aldora?

Aldora   Habla como apasionada.

Rosaura	Pues prima, ¿qué te parece?
Aldora	Fuerza es que la satisfagas.
Rosaura	Vuestra alteza, gran Señora, debajo de mi palabra, llegue de paz.

(Apéase Lisbella y vaya por el palenque de los que tornean.)

Lisbella	Voy de paz.
Rosaura	¡Ay Aldora, que desgracia! Seas Lisbella, bienvenida; oye mis verdades.
Lisbella	Habla.
Rosaura	Vuestra alteza, gran Señora, viene ciega y engañada; mal informada, me culpa; mal advertida, me ultraja, mi casto crédito ofende, mi noble decoro agravia; y porque de lo que digo quede más asegurada, hoy de mis bodas será testigo, si quiere honrarlas, pues es fuerza que me case en Polonia, Transilvania, o Escocia.
Lisbella	¿De qué manera?

Rosaura   Un torneo es quien señala
                 o decide la elección
                 de su efecto.

Lisbella (Aparte.)   (¡Que engañada
                 de Gaulín, viniese a hacer
                 una acción tan temeraria!)
                 Digo que quiero asistir
                 a tus bodas, obligada
                 a disculpa tan cortés,
                 y satisfación tan clara.

(Tocan y callen luego.)

Emilio   Los instrumentos publican
                 que viene un aventurero.

(Tocan y entra Roberto da la letra y lee Aldora.)

Aldora   «Si el cielo sustento, en vano
                 temeré mudanza alguna
                 del tiempo ni la fortuna.»

(Tornean y después entra Eduardo y hace lo mismo y lee Aldora mientras echan las celadas.)

                 «No tiene el mundo laurel
                 para coronar mis sienes,
                 dulce amor, si dicha tienes.»

(Tocan y entra Federico y hace lo mismo que los demás.)

Rosaura   Ni tengo elección, ni tengo

	sentido con que juzgar,
	porque me falta el aliento.

Emilio	Toma la letra, Señora.

Aldora   Venga, dice así el concepto:
              «Del mismo Sol a los rayos,
              águila o Ícaro nuevo,
              hoy a penetrar me atrevo.»

(Tornean y dice Emilio.)

Emilio   El mantenedor merece
              la Emperatriz y el imperio.

(Alzan las celadas y dicen.)

Roberto   ¿Cómo, cuando no se sabe
              quién es este caballero,
              y es traición no habernos dado
              cuenta a los aventureros?

Aldora   Hable, Señora, tu alteza.

Rosaura   La condición del torneo
              fue, que al que venciese en él,
              como fuese igual sugeto,
              el premio gozase.

Federico   Yo
              lo remitiré al acero.

Eduardo   Todos haremos lo mismo.

Rosaura	Decid quién sois, caballero; hablad ya, pues es preciso.

(Descubre la celada.)

Conde	Soy el Conde.

Rosaura	Amor, ¿qué es esto?

(Bajan al tablado las damas.)

Lisbella	Conde, mi primo y Señor, mira que te espera un reino.

Conde	Gózale, Lisbella, hermana; que sin Rosaura, no quiero bien ninguno.

Rosaura	Yo soy tuya.

Conde	Prima, aquí no hay remedio; Francia y Roberto son tuyos, ¿qué respondes?

Lisbella	Que obedezco.

Roberto	Soy tu esclavo.

Eduardo	Y yo, Aldora e-o.

Aldora	Tuya es mi mano.

Roberto	Si quieres,

	Federico, serás dueño de mi hermana Rocisunda.
Federico	Yo seré dichoso.
Gaulín	Bueno, todos y todas se casan; solo a Gaulín —¡Santos Cielos!—, le ha faltado una mujer, o una sierpe, que es lo mesmo.
Conde	No te faltará, Gaulín.
Gaulín	Cuando hay tantas, yo lo creo; mayor dicha es que me falte.
Todos	Y aquí, senado discreto, El conde Partinuplés da fin; pedonad sus yerros.
	Fin de la comedia

Libros a la carta

A la carta es un servicio especializado para

empresas,

librerías,

bibliotecas,

editoriales

y centros de enseñanza;

y permite confeccionar libros que, por su formato y concepción, sirven a los propósitos más específicos de estas instituciones.

Las empresas nos encargan ediciones personalizadas para marketing editorial o para regalos institucionales. Y los interesados solicitan, a título personal, ediciones antiguas, o no disponibles en el mercado; y las acompañan con notas y comentarios críticos.

Las ediciones tienen como apoyo un libro de estilo con todo tipo de referencias sobre los criterios de tratamiento tipográfico aplicados a nuestros libros que puede ser consultado en Linkgua-ediciones.com.

Linkgua edita por encargo diferentes versiones de una misma obra con distintos tratamientos ortotipográficos (actualizaciones de carácter divulgativo de un clásico, o versiones estrictamente fieles a la edición original de referencia). Este servicio de ediciones a la carta le permitirá, si usted se dedica a la enseñanza, tener una forma de hacer pública su interpretación de un texto y, sobre una versión digitalizada «base», usted podrá introducir interpretaciones del texto fuente. Es un tópico que los profesores denuncien en clase los desmanes de una edición, o vayan comentando errores de interpretación de un texto y esta es una solución útil a esa necesidad del mundo académico.

Asimismo publicamos de manera sistemática, en un mismo catálogo, tesis doctorales y actas de congresos académicos, que son distribuidas a través de nuestra Web.

El servicio de «libros a la carta» funciona de dos formas.

1. Tenemos un fondo de libros digitalizados que usted puede personalizar en tiradas de al menos cinco ejemplares. Estas personalizaciones pueden ser de todo tipo: añadir notas de clase para uso de un grupo de estudiantes, introducir logos corporativos para uso con fines de marketing empresarial, etc. etc.

2. Buscamos libros descatalogados de otras editoriales y los reeditamos en tiradas cortas a petición de un cliente.

www.ingramcontent.com/pod-product-compliance
Lightning Source LLC
LaVergne TN
LVHW041200080426
835511LV00006B/688